BEI GRIN MACHT SICH IHR
WISSEN BEZAHLT

Carlotta Heinemann

Vergleich zwischen dem Buch "Traumnovelle" von Arthur Schnitzler und dem daran angelehnten Film "Eyes Wide Shut" von Stanley Kubrick

GRIN Verlag

Bibliografische Information der Deutschen Nationalbibliothek:

Die Deutsche Bibliothek verzeichnet diese Publikation in der Deutschen National-
bibliografie; detaillierte bibliografische Daten sind im Internet über http://dnb.d-
nb.de/ abrufbar.

Impressum:

Copyright © 2010 GRIN Verlag, Open Publishing GmbH
Druck und Bindung: Books on Demand GmbH, Norderstedt Germany
ISBN: 978-3-640-88703-3

Dieses Buch bei GRIN:

http://www.grin.com/de/e-book/169543/vergleich-zwischen-dem-buch-traumnovelle-
von-arthur-schnitzler-und-dem

GRIN - Your knowledge has value

Der GRIN Verlag publiziert seit 1998 wissenschaftliche Arbeiten von Studenten, Hochschullehrern und anderen Akademikern als eBook und gedrucktes Buch. Die Verlagswebsite www.grin.com ist die ideale Plattform zur Veröffentlichung von Hausarbeiten, Abschlussarbeiten, wissenschaftlichen Aufsätzen, Dissertationen und Fachbüchern.

Besuchen Sie uns im Internet:

http://www.grin.com/

http://www.facebook.com/grincom

http://www.twitter.com/grin_com

Matthias-Grünewald-Gymnasium   Kollegstufenjahrgang 2009/11

FACHARBEIT

aus dem Fach

Deutsch

Thema: Vergleich zwischen dem Buch *Traumnovelle* von Arthur
         Schnitzler und dem daran angelehnten Film *Eyes Wide Shut* von Stanley
         Kubrick

Verfasser: Carlotta Heinemann

Leistungskurs: Deutsch

Kursleiter: ....

Erzielte Note: …...........   in Worten:…......................

Erzielte Punkte: …...........   in Worten: …......................

(einfache Wertung)

Abgegeben im Kollegstufenbüro am …....................

…..

(Unterschrift Kursleiter)

Inhaltsverzeichnis

1. Einleitende Worte zur Thematik „Traum" und Aussicht auf den Inhalt

„Glaubt mir, des Menschen wahrster Wahn wird ihm im Traume aufgetan."[1]

Mit dieser Aussage stellt Friedrich Nietzsche einen zentralen Aspekt der dunklen Seite des Träumens, beziehungsweise der menschlichen Psyche, heraus.

Das Träumen dient nicht nur der Reflexion von Erlebtem, sondern ist auch Ausdruck des Ersehnten, welches oftmals ungeahnte Ausmaße hat. Es dient der Äußerung des durch die Zivilisation verdrängten triebhaften Teiles des Unterbewusstseins.

Zwar beschäftigten sich die Menschen schon immer mit dem Thema „Traum", jedoch stets mehr auf der künstlerischen Ebene, in Musik, Literatur und bildender Kunst. Wissenschaftlich befasste sich jedoch erst Sigmund Freud mit dem hoch diffizilen Thema.

Auch Arthur Schnitzler, der mit Freud in Kontakt stand, machte sich viele Gedanken über die Bedeutung des Träumens, was nicht zuletzt ein auslösender Faktor für das Verfassen seiner *Traumnovelle* gewesen sein mag.

Genau mit dieser Thematik setzt er sich unter anderem hier auseinander. Kommen im Traum unerfüllte Sehnsüchte zu Tage? Wo liegt dann die Grenze zwischen Traum und Wirklichkeit? Welche Sehnsüchte kann der Mensch äußern ohne einen anderen zu verletzen und wie kann er seine Wünsche dennoch erfüllen?

Indem Stanley Kubrick 80 Jahre nach Erscheinen der *Traumnovelle* die Erzählung verfilmte, setzte auch er sich mit der Thematik von „Traum", „Sehnsucht" und „Wunsch" und deren Wechselspiel mit der Realität auseinander.

Im Folgenden sollen hauptsächlich die dadurch entstandenen verschiedenen Interpretationen des Themas dargelegt werden, welche durch veränderte Handlungsverläufe und Personenkonstellationen zustande gekommen sind. Zum besseren Verständnis der einzelnen Werke werden des Weiteren die Inhalte und Biografien der Künstler sowie individuelle Interpretationen angesprochen.

---

1   Friedrich Nietzsche, Die Geburt der Tragödie aus dem Geist der Musik,
    http://gutenberg.spiegel.de/?id=5&xid=1955&kapitel=1#gb_found

- 4 -

2. Arthur Schnitzlers „Traumnovelle" und Stanley Kubricks „Eyes Wide Shut"

2.1 „Traumnovelle"

2.1.1 Arthur Schnitzler

Der bedeutende Erzähler und Dramatiker Arthur Schnitzler wurde am 15. Mai 1862 als erster Sohn von insgesamt vier Kindern des jüdischen Arztes Dr. Johann Schnitzler und dessen Frau Louise in Wien geboren.[2]

Durch den Beruf seines Vaters, wie auch seines Großvaters mütterlicherseits, geprägt, begann er nach der ausgezeichneten Matura 1879 mit einem Medizinstudium an der Universität Wien, welches er am 30. Mai 1885 als promovierter Dr. med. beendete. So war er 1885 bis 1888 zunächst als Assistenz- und Sekundararzt im Allgemeinen Krankenhaus und später als Assistent seines Vaters in der Polyklinik tätig. Zu dieser Zeit lernte er auch Sigmund Freud kennen, mit welchem er sich bald unter anderem wegen des gemeinsamen Interesses am Un- und Unterbewusstsein anfreundete.

Erste literarische Versuche, welche zum Teil auch veröffentlicht wurden, unternahm Schnitzler bereits ab 1880. Von schriftstellerischem Erfolg konnte zu dieser Zeit allerdings noch nicht die Rede sein.

Sein literarisches Debüt gab er 1880 mit *Liebeslied der Ballerine* in der Zeitschrift *Der freie Landbote*. Hierauf folgten weitere Veröffentlichungen von Gedichten und Erzählungen in verschiedenen anderen Zeitschriften.

Ab 1890 wandte sich Schnitzler immer stärker der Schriftstellerei zu. Zwar gab er seinen Arztberuf noch nicht auf, jedoch eröffnete er 1893, nach dem Tod seines Vaters, eine Privatpraxis, die ihm im Vergleich zur Polyklinik mehr Freiraum ermöglichte.

So entstand bald der Kontakt zu wichtigen Wiener Literatur Zirkeln und dadurch auch zu bedeutenden Vertretern der Wiener Moderne, wie Hugo von Hofmannsthal, Richard Beer-Hofmann, Hermann Bahr und Karl Kraus.

Durch diese Verbindungen und seine ersten Bühnenerfolge mit dem Einakter-Zyklus *Anatol* (1890) sowie dem sozialkritischen und bereits jetzt in Schnitzler-Manier skandalträchtigen Stück *Das Märchen* (1893), erlangte Schnitzler zunehmendes Ansehen in Literaturkreisen.

---

2 Biografische Eckpunkte (auch im weiteren Verlauf) aus Wikipedia und
 Klaus Gladiator, Interpretationshilfe Deutsch Arthur Schnitzler Traumnovelle, Freising (2005), S. 5-11

Der Durchbruch gelang ihm 1895 dann schließlich mit dem Trauerspiel *Liebelei*. Zwischen 1892 und 1896 entstanden auch die ersten Erzählungen Schnitzlers, wie *Sterben* (1892), *Blumen* (1894) und *Ein Abschied* (1896).

Hauptsächlich jedoch verfasste er weiterhin Bühnenstücke, in welchen er immer wieder Tabus der konservativen österreichischen Gesellschaft thematisierte. Darunter behandelt er kritisch Problematiken wie veraltete Ehrenkodizes, Sexualität, beispielsweise unter dem Aspekt der freien Liebe, die Besitztumsmentalität von Männern gegenüber Frauen, sowie Thematiken um den Tod.

Dabei stachen vor allem Stücke wie *Freiwild* (1896), *Das Vermächtnis* (1898), *Der grüne Kakadu* (1899) sowie die bereits 1896/97 entstandene erotisch freizügige Szenenfolge *Der Reigen*, die allerdings bis 1912 verboten blieb, heraus.

Zwar wurden Werke wie diese von der Allgemeinheit der erzkonservativen österreichischen Gesellschaft, die teilweise auch antisemitische Beweggründe hatte, nicht positiv aufgenommen, dafür erkannten renommierte Literaturkenner das literarische Können des Schriftstellers mit seiner differenzierten und stets aufs genauste ausgearbeiteten Sprache und sahen ihn als einen der führenden österreichischen Autoren.

1900 ebnete Arthur Schnitzler mit der Novelle *Leutnant Gustl,* die bis heute eine seiner bekanntesten ist, dem sogenannten „Inneren Monolog" den Weg in die Literatur. Zwar war diese Erzählform bereits bekannt, jedoch stellte Schnitzlers Novelle die erste Erzählung dar, die gänzlich in Form des „Inneren Monologes" verfasst war. Dadurch wurde es möglich, tiefere Bewusstseinsebenen zu beschreiben und stärkere Intimität zwischen der literarischen Figur und dem Leser herbeizuführen.

In den folgenden Jahren bis zum Beginn des Ersten Weltkrieges war Schnitzler am obersten Punkt seines literarischen Ansehens angekommen.

Auch privat verlief sein Leben nun geordnet und erfolgreich. Nach zahlreichen Affären mit verschiedenen Frauen, wie den Schauspielerinnen Marie „Mizi" Glümer und Adele Sandrock und der Gesangslehrerin Marie Reinhard, heiratete er 1903 schließlich die Schauspielerin Olga Gußman, mit welcher er zwei Kinder bekam. Durch seine literarischen Erfolge, die auch außerhalb Österreichs Anklang fanden, war er finanziell gut gestellt, sodass er 1910 ein eigenes Haus in Wien kaufen konnte.

Mit Beginn des Krieges allerdings ging das Interesse an seinen Werken zurück, was auch daran lag, dass er die allgemeine Kriegsbegeisterung nicht teilte. Als ihm wegen der Uraufführung des *Reigen* 1921 dann auch noch der Prozess wegen Erregung öffentlichen Ärgernisses gemacht wurde, zog Schnitzler zunächst seine Aufführungsgenehmigung zurück und isolierte sich dann selbst ebenfalls mehr und mehr. Gründe für diesen Rückzug aus dem öffentlichen Leben waren auch die Scheidung von seiner Frau Olga im selben Jahr und daraus folgende psychische und physische Probleme. Seine beiden Kinder Heinrich und Lilli zog er von da an alleine auf. Als sich 1928 seine Tochter Lilli, die er über alles liebte, das Leben nahm, verschlechterte sich seine Verfassung zunehmend und führte ihn weiter aus dem öffentlichen Leben heraus. Er selbst bemerkte zum Tod seiner Tochter: *„Mit jenem Julitage war mein Leben doch zu Ende."*[3] Er sollte Recht behalten.

Drei Jahre später, am 21. Oktober 1931, starb Arthur Schnitzler, einer der bedeutendsten deutschsprachigen Autoren des 20. Jahrhunderts, in Wien an den Folgen einer Hirnblutung.

Insgesamt führte Schnitzler sowohl stilistische als auch inhaltliche Innovationen in die Literatur ein. Er war ein Meister des Beschreibens seelischer Befindlichkeiten, charakterlicher Eigenschaften und tabuisierter Träume und Wünsche.

2.1.2 Entstehung und Hintergrund

Da Schnitzler die Arbeitsschritte zu seinen Werken akribisch in Tagebüchern festhielt, lässt sich auch die Entstehung der *Traumnovelle* gut rekonstruieren.

Der Arbeitstitel lautete zunächst *Doppelnovelle*. Das wirkliche Schaffen an dieser Erzählung dauerte von etwa 1920 bis 1924.

Die Idee zur Geschichte allerdings hielt Schnitzler bereits 1907 in einem seiner Tagebücher fest. Dort schrieb er: *„Der junge Mensch, der von seiner schlafenden Geliebten fort in die Nacht hinaus zufällig in die tollsten Abenteuer verwickelt wird – sie schlafend daheim findet wie er zurückkehrt; sie wacht auf – erzählt einen ungeheuern Traum, wodurch der junge Mensch sich wieder schuldlos fühlt."*[4]

Nach jahrelanger Stagnation des Projektes treten konkrete Aussagen zur *Doppelnovelle* erst wieder am 04. Januar 1920 in seinen Tagebüchern auf. So hielt er fest: *„Einfälle zum Anfang*

---

3 Hartmut Scheible, Arthur Schnitzler, Reinbek (2003), S. 84
4 Arthur Schnitzler, Tagebuch 1903-1908, Hrsg. Werner Welzig, Wien (1991), S. 283

der Doppelnovelle"⁵.

Am 12. Oktober 1921 begann er schließlich mit der Niederschrift der *Doppelnovelle*.

Zu Beginn des folgenden Jahres arbeitete er vorwiegend an der Novelle *Fräulein Else,* welche ihm nach eigenen Angaben wie selten eine Erzählungen *„leicht von der Hand gegangen"⁶* sei. Die Arbeit an der *Doppelnovelle* dagegen fiel ihm um einiges schwerer. Er sei dabei *„sehr stimmungslos"* gewesen (Tagebucheintrag vom 02. Oktober 1922)⁷ und hätte des öfteren geträumt, dass er Manuskripte dazu verloren habe, was er selbst als Wunsch deutete, die Traumnovelle nicht weiter schreiben zu müssen.

Am 17. März 1923 legte er die Arbeit an der *Doppelnovelle* vorläufig nieder, da er beim Verfassen des Endes zu viele ihn aufwühlende Assoziationen zu den letzten Gesprächen mit seiner Frau Olga vor der Scheidung gehabt habe (vgl. Arthur Schnitzler, Tagebuch 1923-26, S. 32). Immer wieder werden in Tagebucheinträgen von Schnitzler Zweifel deutlich, die Novelle überhaupt fertigzustellen.

Jedoch scheint er sich am 30. März 1924 wieder im Klaren darüber zu sein wie es mit der *Doppelnovelle* weitergehen solle (*„Nm las ich die Doppelnov durch, die zu retten scheint"⁸*) Am 03. August 1925 schickte Arthur Schnitzler die Endfassung der *Traumnovelle* an den Redakteur Paul Wiegler vom *S. Fischer Verlag.* So erschien die Novelle zunächst als Fortsetzungsserie in Wieglers Zeitschrift *Die Dame.* Nach einigen Verlagsverhandlungen entschied sich Schnitzler letztendlich, trotz großen Interesses vieler anderer Verlage, erneut für den *S. Fischer Verlag,* woraufhin er in seinem Tagebuch notierte: *„Traumnovelle erschienen; erfolgreicher Einsatz"⁹.*

2.1.3 Inhalt und Thematik

Die Traumnovelle erzählt von den Geschehnissen einer Nacht und des darauf folgenden Tages, welche das Ehepaar Fridolin und Albertine auf eine Bewährungsprobe stellen. Diese erotischen und auf die Eheleute stark verwirrend wirkenden Erfahrungen, drohen die Ehe der beiden zu gefährden.

5   Arthur Schnitzler, Tagebuch 1920-1922, Hrsg. Werner Welzig, Wien (1993), S. 10
6   Arthur Schnitzler, Briefe 1913-1931, Hrsg. Peter Michael Braunwarth, Richard Miklin, Susanne Pertlik und
    Heinrich Schnitzler, Frankfurt a.M. (1984), S. 411
7   Arthur Schnitzler, Tagebuch 1920-1922, Hrsg. Werner Welzig, Wien (1993), S. 363
8   Arthur Schnitzler, Tagebuch 1923-1926, Hrsg. Werner Welzig, Wien (1995), S. 138
    (Nm = Abk. für Nachmittag; Doppelnov = Abk. für Doppelnovelle)
9   Arthur Schnitzler, Tagebuch 1923-1926, Hrsg. Werner Welzig, Wien (1995), S. 330

- 8 -

Die Novelle ist in sieben Kapitel aufgeteilt.

Die Eingangsszene lässt zunächst auf ein sehr harmonisches Familienleben zwischen dem Mitte 30-jährigen Arzt Fridolin, seiner Mitte 20 Jahre alten Frau Albertine und deren 6-jähriger Tochter schließen. Das Ehepaar bringt das Kind zu Bett und unterhält sich anschließend über einen Maskenball, den sie am Vorabend besucht hatten. Beide haben dort seltsame Bekanntschaften gemacht, die sie nicht mehr loslassen. Zwar folgte auf den Maskenball eine lange schon nicht mehr so leidenschaftliche Liebesnacht, jedoch holen die „Schattengestalten"[10] des vorigen Abends das Paar nun wieder ein. Zunächst unterhalten sie sich locker, im weiteren Verlauf des Gespräches aber ernster und provozierender[11]. So kommt das Ehepaar zunehmend auf geheime Wünsche und Sehnsüchte zu sprechen.

Albertine ist die erste, die beginnt offen über einen Mann zu erzählen, der sie im gemeinsamen Badeurlaub in Dänemark im Vorjahr so sehr angezogen hatte, dass sie wahrscheinlich, wäre er nicht plötzlich abgereist, ihr bisheriges Leben vollkommen zurückgelassen hätte und mit ihm gegangen wäre, jedoch keinesfalls, weil die Liebe zu Fridolin erloschen sei.

Nachdem Albertine ihn aufgefordert hat, ein ähnliches Erlebnis preiszugeben, erzählt Fridolin von der nicht gerade harmlosen, wenn auch tatsächlich eigentlich unbedeutenden Begegnung mit einem sehr jungen, entblößten Mädchen am Strand in Dänemark, welches eine starke erotisch geladene Anziehungskraft auf Fridolin ausgeübt hatte.

Zwar ist keiner der beiden Ehepartner untreu geworden, aber vor dem Hintergrund dieser Sehnsüchte, wirkt die Harmonie des Zusammenlebens scheinhaft und erschüttert.

Fridolin wird plötzlich zu einem Patienten gerufen und bricht sofort auf.

Man hat ihn zum Hofrat gerufen, zu welchem er jedoch (im zweiten Kapitel) zu spät erscheint. Jener ist bereits verstorben.

In der Wohnung trifft er dessen Tochter Marianne an, welche ihm zunächst langatmig über die letzten Tage ihres Vaters, über ihren Bruder und über ihren Verlobten, den Geschichtsdozenten Dr. Roediger, erzählt.

Sowohl Fridolin als auch Marianne scheint, trotz der Gewöhnlichkeit des Gespräches, eine gewisse Erotik zu erfüllen.

Als er dann tröstend seine Hand auf Mariannes Stirn legt, bricht diese in Tränen aus, gesteht

10 Arthur Schnitzler, Traumnovelle, Hrsg. Michael Scheffel, Stuttgart (2006), S. 7, Z. 2
11 Klaus Gladiator, Interpretationshilfe Deutsch Arthur Schnitzler Traumnovelle, Freising (2005), S.13

Fridolin ihre schon länger anhaltende Liebe und löst somit die erotischen Spannungen.

Fridolin hatte ähnliches schon länger geahnt und reagiert somit zwar nicht abweisend, jedoch auch ohne weitere Anteilnahme.

Nachdem Mariannes Verlobter in der Wohnung ankommt, werden noch ein paar unbedeutende Sätze gewechselt. Dr. Roediger verlässt kurz den Raum und Marianne nutzt die Gelegenheit um dem Arzt noch einmal ausdrücklich ihre Liebe zu gestehen. Dieser jedoch verabschiedet sich rasch und geht.

Nach dem Krankenbesuch hat Fridolin noch nicht das Verlangen nach Hause zurückzukehren, wodurch ihn eine seltsame Schwermut überkommt. Er denkt über viele Dinge nach und bemerkt eine Aggression gegen den jungen Mann aus Dänemark, von welchem Albertine ihm berichtet hatte, in ihm aufsteigen.

So in Gedanken versunken, findet er sich plötzlich in einer anrüchigen Gasse wieder, wo er sich von einer jungen Prostituierten verführen lässt mit auf ihr Zimmer zu gehen. Er schläft allerdings letztendlich nicht mit dem Mädchen namens Mizzi. Als er ihr trotzdem Geld geben will, lehnt sie ab. Er verlässt das Haus und nimmt sich vor ihr am nächsten Tag „ *Wein und Näschereien* "[12] zu bringen.

So setzt Fridolin in aufgewühlter Stimmung seinen Weg durch das nächtliche Wien fort und begibt sich in ein Kaffeehaus.

Dort trifft er seinen Studienfreund Nachtigall, der mittlerweile der Medizin abgeschworen und sich als Pianist durchgeschlagen hat.

Dieser erzählt, dass er entweder in Kaffeehäusern, wie diesem, oder auf geheimen Bällen Klavier spiele, auf denen man ihm die Augen verbinde und, dass er am selben Abend noch bei solch einem Ball spielen würde.

Fridolin bittet Nachtigall daraufhin inständig ihn zu diesem Fest begleiten zu dürfen. Und obwohl der es eigentlich für zu gefährlich hält, lässt er sich letztendlich doch überreden.

Fridolin geht sich anschließend die erforderliche Maske bei dem seltsamen Maskenverleiher Gibiser ausleihen, der ihm eine Mönchskutte und eine Larve[13] aushändigt.

Hierbei kommt es zu einer sonderbaren Begegnung mit Gibisers sehr junger Tochter, die als

---

12 Arthur Schnitzler, Traumnovelle, Hrsg. Michael Scheffel, Stuttgart 2006
13 Österreichische/ schweizerische/ süddeutsche Bezeichnung für eine aus Holz oder Pappmaché gefertigte Fastnachtsmaske

Pierrette[14] verkleidet mit zwei als Femerichter[15] kostümierten Herren anscheinend ein sexuelles Rollenspiel treibt, woraufhin Gibiser die Tochter beschimpft und beinahe schlägt und den Herren mit der Polizei droht.

Fridolin hingegen verspürt, wie auch Mizzi und teilweise Marianne gegenüber, eine leichte erotische Faszination gegenüber dem Mädchen.

Er verlässt den Maskenladen und trifft sich wie vereinbart mit Nachtigall, der ihm die Parole für den Ball nennt, die mehr oder weniger zufällig „Dänemark" lautet.

Anschließend nimmt er sich eine Kutsche, welche der Kutsche Nachtigalls bis zu einer hell erleuchteten Villa in einem Randbezirk Wiens folgt.

Im Innern der Villa findet sich Fridolin in einem verdunkelten Saal wieder, in welchem sich etwa 20 als Mönche und Nonnen verkleidete Personen befinden.

Obwohl eine Frau ihm zuflüstert, er solle gehen, bleibt Fridolin und kann beobachten wie sich die Szenerie wandelt. Die Nonnen haben sich in ausschließlich maskentragende, ansonsten nackte Frauen verwandelt, die Mönche tragen nun Kavaliersgewänder, stürzen sich ungezügelt auf die Frauen und beginnen mit ihnen zu tanzen. Fridolin will sich gerade in das orgiastische Geschehen einfügen, als ihn dieselbe Frau wie schon zuvor, wieder ausdrücklich auffordert zu gehen, bevor es zu spät sei.

Fridolin jedoch ist von der Schönheit dieser Frau so fasziniert, dass er sagt, ohne sie wolle er nicht gehen. Nichteinmal als sie ihm erzählt, was mit enttarnten Fremden geschehe, nämlich, dass sie demaskiert, gefoltert und getötet werden, erklärt er sich zum Gehen bereit. Hierzu ist es jedoch auch schon bald zu spät. Er wird von einem Mann nach der Parole des Innenhauses gefragt, die er nicht kennt und ist somit entlarvt.

Als er aufgefordert wird seine Maske abzunehmen, tritt die Frau, die Fridolin gewarnt hat, hervor und erklärt sich dazu bereit, sich für ihn zu opfern.

Daraufhin geheißt man Fridolin, keinerlei Nachforschungen anzustellen und komplimentiert ihn anschließend aus dem Haus.

Man setzt ihn in eine Kutsche mit verdunkelten Scheiben, die ihn nach einer wilden Fahrt auf einem Feld vor der Altstadt absetzt, von wo aus er Richtung Stadt läuft und sich eine Kutsche nach Hause nimmt.

---

14 weibliche Lustspielfigur
15 mittelalterl. Richter, die sich über die staatliche Justiz hinwegsetzen und Selbstjustiz üben (vgl. Freigericht)

Hierbei wird er von Verzweiflung und Beschämung gequält und fasst den Entschluss, die geheimnisvolle Frau wiederzufinden, aber auch Albertine wieder ganz zurückzuerobern.

Nachdem Fridolin um vier Uhr morgens nach Hause gekommen ist und sein Kostüm im Schrank versteckt hat, legt er sich neben die schlafende Albertine ins Bett. Als diese im Schlaf plötzlich schrill und laut auflacht, kann Fridolin sie erst nach mehreren Versuchen wecken und als sie sagt, sie habe geträumt, überredet er die Zögernde über ihren Traum zu berichten.

Sie erzählt, sie sei mit ihm am Wörthersee, wo sie ihre Hochzeitsreise verbrachten, gewesen und sie wären gekleidet wie Prinz und Prinzessin über die Landschaft hinweggeflogen. Nachdem sie auf einer Wiese gelandet seien, haben sie miteinander geschlafen.

Am nächsten Morgen waren ihre Kleider verschwunden und Fridolin rannte ins Tal, um neue zu besorgen und sofort nach dessen Verschwinden habe Albertine Erleichterung und Glück erfasst. Fridolin sei von einer Fürstin, die die Gestalt des jungen Mädchens aus Dänemark hatte, festgenommen worden.

Albertine indessen hatte sich von dem vorbeikommenden Mann aus Dänemark im Beisein vieler anderer Paare verführen lassen.

Als Fridolin die Bedingung für eine mögliche Freilassung, nämlich der Geliebte der Fürstin zu werden, ablehnte, verurteilte man ihn zum Tode und er sollte auf der Wiese, auf der sich Albertine in den Armen des Dänen befand, gekreuzigt werden.

Diese habe für ihren Ehemann allerdings nur Hohn und Verachtung wegen seiner törichten Treue übrig gehabt.

Trotzdem wollte sie ihm entgegenlaufen, wobei sie sich jedoch verfehlten. Um ihn ihre Stimme hören zu lassen, habe sie, so schrill und laut sie konnte, aufgelacht.

Dieses Lachen sei auch das Lachen gewesen, dass Fridolin dann in Wirklichkeit vernommen habe.

Durch die Erzählung seiner ihm nun als grausam und tatsächlich untreu erscheinenden Frau schwanken Fridolins Gefühle zwischen Hass, Verachtung und Rachegefühlen. Allerdings kann er dennoch nicht aufhören diese ihm so vertraute Frau zu lieben.

Der nächste Tag beginnt in gewohnter Weise. Fridolin verlässt das Haus und begibt sich zunächst ins Krankenhaus. Anschließend will er Nachtigall in dessen Hotel besuchen, erfährt allerdings vom Portier, dass dieser früh morgens von zwei vermummten Herren abgeholt worden sei. So beschließt er zunächst das Kostüm zurückzugeben. Bei dieser Gelegenheit erkundigt sich Fridolin noch nach Gibisers Tochter, zu welcher sich der Kostümverleiher jedoch nicht konkret äußert. Er scheint sich jedoch mit den Männern geeinigt zu haben, da einer der Femerichter plötzlich hereinkommt und er anschließend Fridolin indirekt seine Tochter anbietet.

Mit Albertine telefoniert Fridolin nur einmal kurz an diesem Tag und hält sich auch im Krankenhaus nicht lange auf, da es ihn in der Hoffnung, seine Retterin finden zu können, zu der obskuren Villa der vergangenen Nacht zieht.

Er findet das Haus, welches allerdings unbewohnt zu sein scheint. Ein alter Diener überreicht ihm jedoch einen Brief, in welchem man Fridolin deutlich warnt, weitere Nachforschungen anzustellen. Eingeschüchtert, sich aber darin bestätigt fühlend, dass die geheimnisvolle Frau noch lebe, fährt er zum Essen nach Hause und geht anschließend zum Arbeiten in seine Praxis.

Um sich an Albertine zu rächen, beschließt er ein Doppelleben zu führen und begibt sich deshalb zunächst zu Marianne, welche er dann allerdings doch nicht verführt.

Als er Mizzi, die Prostituierte, besuchen will, teilt man ihm mit, dass diese ins Krankenhaus gekommen sei. In selbstmitleidiger Stimmung fühlt sich Fridolin wiederum nicht danach, nach Hause zu gehen und liest erneut in einem Kaffeehaus Zeitung: Eine Baronin D. habe sich in einem vornehmen Hotel vergiftet. Fridolin geht davon aus, dass es sich bei dieser um seine Retterin von letzter Nacht handelt und begibt sich ins Pathologische Institut, um die Leiche ausfindig zu machen. Als er sie findet, kann er sie jedoch nicht sicher identifizieren.

Abermals spät nachts kehrt Fridolin nach Hause und beschließt, Albertine die Erlebnisse der vergangenen Nacht als die eines Traumes zu erzählen. Doch neben seiner schlafenden Frau liegt auf dem Kissen die Maske von vergangener Nacht, die er scheinbar vergessen hatte. Fridolin ist zutiefst erschüttert und bricht weinend zusammen, wodurch Albertine wach wird und Fridolin ihr alle Erlebnisse gesteht.

Letztendlich jedoch scheint das Ehepaar aus allen Abenteuern heil herausgekommen und Albertine bestärkt zu einem Neuanfang.

- 13 -

2.1.4 Analyse und Interpretation

2.1.4.1 Aufbau

Der ursprünglich von Schnitzler gewählte Titel „Doppelnovelle" deutet auf die starke Ambivalenz der Novelle hin.

So finden sich einerseits zwei Handlungsstränge - der Fridolins und der Albertines - , welche sich die meiste Zeit trennen lassen, teilweise jedoch wieder stark ineinander verwoben sind und sich dann kaum noch unterscheiden lassen. Andererseits bezieht sich die Zweideutigkeit auch auf die verschiedenen Bewusstseinsebenen in der Novelle: die Realität auf der einen, die immer wieder auftauchenden Träume und Wünsche auf der anderen Seite. Auch hier lassen sich die beiden Ebenen nicht immer klar voneinander trennen. Zwar weiß man meist, was Traum und was Wirklichkeit ist, jedoch ist beispielsweise Albertines Traum eindeutig in der Realität verankert, sodass sich nicht Realität als das Wahre und gegenteilig der Traum als reine Fiktion unterscheiden lassen. Traum oder Wunsch sind eng mit der Realität verwoben.

Der Handlungsstrang Fridolins ist stärker an reale Erlebnisse gebunden, welche jedoch die meiste Zeit traumhaft wirken. Albertines Handlungsstrang hingegen ist stärker durch Traumerlebnisse geleitet, welche jedoch in der Realität wiedergegeben werden und auch einen starken Realitätsbezug haben.

Insgesamt kann man die beiden Handlungen als zwei sich teilweise überlappende klassische Dramenkurven sehen.

Das erste Kapitel stellt die Exposition dar. Hier verlaufen die Handlungsstränge noch gemeinsam. Das Paar wird vorgestellt.

Darauf folgen die Erlebnisse Fridolins. Hierbei stellen die Geschehnisse, bevor Fridolin die Villa betritt, die steigernde Handlung dar. Das heißt der Besuch bei Marianne, die Bekanntschaft mit Mizzi, die Begegnung mit Nachtigall, das Leihen des Kostüms sowie die Kutschfahrt zur Villa führen in steigender Geschwindigkeit zum Höhepunkt, dem geheimen Maskenball, hin. Im Höhepunkt selbst steigert sich die Handlung, in einem *„geradezu atemlose(n) Wechsel von Eindrücken, Begegnungen, Bewegungen, Farben, Tönen und Gefühlsaufwallungen"*[16], bis zu dem Punkt, an welchem die schöne Unbekannte durch Selbstopferung zu Fridolins Retterin wird. Dies stellt die „Peripetie", also den Umschwung, in Fridolins Handlungs-

---

16 Klaus Gladiator, Interpretationshilfe Deutsch Arthur Schnitzler Traumnovelle, Freising (2005), S. 26

strang dar.

Albertines Erlebnisse währenddessen werden zwar nicht direkt geschildert, man kann aber davon ausgehen, dass sie die meiste Zeit ihren Traum geträumt hat. So kann das tatsächliche Träumen als Albertines steigernde Handlung gesehen werden, welche dann im Höhepunkt mündet, als sie Fridolin davon erzählt. Dies stellt für beide Eheleute einen Höhepunkt in der Handlung dar. Im Traum selbst lässt sich ein ähnlicher Handlungsverlauf feststellen, wobei der Höhepunkt sich hier in Albertines schrillem Lachen äußert.

Die Suche nach Fridolins Retterin am nächsten Tag stellt die sogenannte „Fallende Handlung" des klassischen Dramas dar.

Die Lösung findet letztendlich in der darauf folgenden Nacht statt, als Fridolin Albertine in einem starken Gefühlsausbruch von seinen Erlebnissen berichtet. Entgegen dem klassischen Dramenverlauf endet die Novelle jedoch nicht in einer hier zu erwartenden Tragödie (bzw. an anderer Stelle zu erwartenden Komödie).

2.1.4.2 Zentrale Aspekte und Motivik

Die *Traumnovelle* ist von zahlreichen indirekten wie direkten Motiven geprägt.

Ein zentraler Aspekt ist die Vorherrschaft der innern Handlung über die äußere. So finden sich ständig innere Vorgänge der Hauptpersonen, wie *„Erinnerungen, (...), Zukunftsprojektionen, Selbstreflexionen, Reflexionen über Erlebtes und insbesondere der Traum"*[17]. Zwar scheint zu Beginn der Novelle eine Familienidylle in perfekter Harmonie zu bestehen, bald jedoch, nämlich durch die Gespräche über die Redoute[18] vom Vorabend und die Begegnungen aus Dänemark, wird dem Leser klar, dass diese Ehe - wie jede normale Ehe - wohl doch nicht perfekt ist. Die Partner werden von eigentlich rein menschlichen Sehnsüchten, Wünschen und Traumvorstellungen heimgesucht. Diese Vorstellungen belasten sowohl Fridolin als auch Albertine und durch gegenseitiges Gestehen versuchen sie sich von dieser Last zu befreien. Jedoch ist das eigentliche Beichten der Wünsche oder Träume erst Auslöser einer sichtbaren Disharmonie. Die Beziehung wird durch diese Geständnisse untergründig, unbewusst getrübt, obwohl sich das Paar trotz allem immer wieder *„Liebe und Offenheit"*[19] beteuert.

Immer stärker wird klar, dass zwischen den beiden vieles unausgesprochen bleibt. Allerdings

---

17 Klaus Gladiator, Interpretationshilfe Deutsch Arthur Schnitzler Traumnovelle, Freising (2005), S. 29
18 österreichisch, veraltet für (Masken-)Ball; geschlossene Veranstaltung für geladene Gäste
19 Klaus Gladiator, Interpretationshilfe Deutsch Arthur Schnitzler Traumnovelle, Freising (2005), S. 42

stellt sich die Frage, was der Ehe besser täte: absolute Offenheit und Klarheit über jegliche Wünsche, Sehnsüchte und Geheimnisse des Partners, welche jedoch zu einer vollkommen veränderten Sicht auf den anderen führen könnte, oder eine eher verschleierte Ehe, in welcher nicht alles preisgegeben wird, welche jedoch eventuell zu einer Belastung und einem Lügen- konstrukt werden kann?

Die Geständnisse, welche sicher nicht alles zwischen den beiden aufdecken, führen jedoch nicht zu einer weiteren Entfernung oder Entfremdung des Ehepaares, wie man es vielleicht er- wartet hätte, sondern nach der Probe, auf welche die Ehe gestellt wurde, tritt wieder der Nor- malzustand ein. Dies ist durch die grundlegend gute Beziehung des Paares und die offensicht- lich noch vorhandene Liebe möglich, vor allem aber durch die Gewohnheit an das Zusam- menleben, welche besonders gut durch die nichtverbale Kommunikation zwischen den beiden zum Ausdruck kommt (z.B. kurz vor Fridolins Geständnis am Ende: *„Sie hob zuerst wie in leiser Abwehr die Hand; er faßte sie, behielt sie in der seinen, sah wie fragend und zugleich bittend zu ihr auf, sie nickte ihm zu und er begann"*[20])

Ein wichtiges Hauptmotiv der *Traumnovelle* ist das Unbewusste. Hier wurde Schnitzler stark durch die psychologischen Überlegungen seines Freundes Sigmund Freud beeinflusst. Freuds Theorie über die Dreiteiligkeit der Psyche findet sich bei den beiden Hauptcharakteren ein- deutig wieder.

Die Psyche wird von Freud in das *Über-Ich,* welches grob gesagt das Gewissen, das durch die gesellschaftlichen Werte und Normen geprägt ist, darstellt, das *Es,* welches die triebhaften Kräfte des Unterbewusstseins innehat, und das zwischengeschaltete *Ich,* welches die verant- wortungsvollen und vernünftigen Kräfte der eigenen Persönlichkeit verkörpert, eingeteilt. Nach Freud findet das Unbewusste vor allem im Traum statt.

Wenn man von dieser Theorie ausgeht, zeigt sich vor allem, dass Albertines Traum fest in un- bewussten Sehnsüchten und Wünschen verankert ist. Das heißt ihr *Es* kommt im Traum zum Vorschein. In der Realität allerdings sind diese Wünsche nicht erfüllbar, da Albertine sie selbst, durch ihr *Über-Ich* und *Ich* ausschaltet.

Fridolin wiederum erlebt Traumhaftes in der Wirklichkeit. Zu einer Erfüllung, der durch die Erlebnisse aus der Tiefe auftauchenden Sehnsüchte, kommt es jedoch nicht, da Fridolin sich

---

20 Arthur Schnitzler, Traumnovelle, Hrsg. Michael Scheffel, Stuttgart (2006), S. 96, Z. 19-21

selbst in seiner sozialen Rolle festhält.

Die *Traumnovelle* ist sehr symbolhaft. Auffallend sind in diesem Zusammenhang vor allem Beginn und Ende der Erzählung. Die Novelle beginnt mit der Gute-Nacht-Geschichte der Tochter[21], in welcher schon die Motive von Nacht und Reise auftauchen, welche die Erlebnisse Fridolins vorausdeuten. Diese Geschichte steht dunkel und geheimnisvoll am Anfang der Eingangsszene, die eigentlich noch Harmonie und Idylle beschreibt. Im Gegensatz dazu findet sich am Ende, welches von den Geschehnissen und Erschütterungen zwischen dem Ehepaar geprägt ist, die Motivik von Licht und Freundlichkeit durch den Lichtstrahl der durch den Vorhang fällt und das helle Kinderlachen. So findet sich an Anfang und Ende die jeweils entgegengesetzte Symbolik zur entsprechenden Szenerie. Insgesamt stellen Beginn und Ende der Novelle, wie in den meisten Werken Schnitzlers, eine Kreisbewegung dar. Über die Geschehnisse hinweg befindet sich das Ehepaar zum Ende scheinbar wieder in der normalen Ausgangssituation.

2.2 „Eyes Wide Shut"

2.2.1 Stanley Kubrick

Der Filmregisseur und Fotograf Stanley Kubrick, wurde am 26. Juli 1928 in New York City geboren. Sein Vater Jack Kubrick war Arzt und heiratete kurz vor der Geburt seines ersten Sohnes Stanley dessen Mutter Gertrude Perveler.

Sechs Jahre später, 1934, kam seine Schwester Barbara zu Welt, welche Jahre später ihren Bruder als einen recht untypischen Jungen, der sehr viel las[22], beschrieb.

Im Alter von 12 Jahren, also 1941, kam Stanley Kubrick an die Taft High School in der Bronx, in New York. Für die Unterrichtsinhalte interessierte er sich kaum, umso mehr jedoch für die Fotografie.

Da zu Hause eine Dunkelkammer vorhanden war, konnte Kubrick seine fotografischen Fähigkeiten schon früh fördern und ausbauen.

Mit 16 Jahren letztendlich machte er einen Tag nach dem Tod des damaligen US-Präsidenten Franklin D. Rooosevelt ein Foto von einem über den Tod des Präsidenten traurig, fast verzweifelt wirkenden Zeitungsverkäufer, das um die Welt ging.

---

21 vgl. Arthur Schnitzler, Traumnovelle, Hrsg. Michael Scheffel, Stuttgart (2006), S. 5, Z. 2-6
22 vgl. Interview mit Barbara Kubrick, Stanley Kubrick – A Life In Pictures, Jan Harlan, Film von 2001

Dieses Foto machte Stanley Kubrick im Alter von 16 Jahren vom reinen Amateur zu einem professionellen Fotografen.

Er verkaufte das Bild an die damals große Illustrierte Zeitung *Look*, bei welcher er nach dem Abschluss der Highschool auch als Fotograf zu arbeiten begann und so viele Erfahrungen sammeln konnte. Für das *Look*-Magazin fotografierte er häufig auch aufstrebende Boxkämpfer. So auch Walter Cartier, der Kubrick letztendlich als Thema für seinen ersten Spielfilm *Day Of The Fight* dienen sollte.

Nach Beendigung des Filmes kündigte er bei *Look* und wusste, dass er sich ganz dem Filmdrehen widmen wollte.

Er zog nach Greenwich Village, einem Stadtteil von New York und lebte dort zunächst von Dokumentarfilmen und Blitzschachspielen am Washington Square. Zum Leben reichten diese Einnahmen zwar, nicht jedoch um einen neuen Spielfilm zu finanzieren.

Dies veranlasste 1953 schließlich Jack Kubrick, Stanleys Vater, seine Lebensversicherung aufzulösen und seinem Sohn so dessen ersten komplett eigenständigen Spielfilm namens *Fear and Desire* zu ermöglichen.

Die Einnahmen von *Fear and Desire* trugen zur Finanzierung des nächsten Filmes *Killer's Kiss* bei, in welchem zum ersten Mal Kubricks ausgezeichnetes Verständnis für das Spiel mit Licht deutlich wurde.

Bald wurde der Produzent James Harris auf den jungen, viel versprechenden Regisseur aufmerksam und sie gründeten die Produktionsfirma *Kubrick-Harris Pictures*, deren erster gemeinsamer Film *The Killing* recht erfolgreich war.

Den wirklichen Durchbruch allerdings hatte Kubrick 1957 mit dem Film *Path Of Glory*, einer sehr realistischen Darstellung des Krieges, wie sie bisher im Kino so nicht vorhanden gewesen war. Im Rahmen der Dreharbeiten lernte er auch seine dritte Frau Christiane Harlan kennen, die eine Rolle in dem Film übernommen hatte.

Vorher war Kubrick bereits von 1948 bis 1951 mit seiner Jugendliebe Toba Metz, anschließend von 1954 bis 1957 mit der österreichischen Balletttänzerin Ruth Sobotka verheiratet gewesen.

Mit Christiane und ihrer Tochter Katharina zog Kubrick nach Los Angeles und bekam nach der Hochzeit 1958 die beiden Töchter Anya und Vivian mit ihr.

Bald wurde *Hollywood* auf den 28-jährigen aufmerksam.

So führte Kubrick bei dem mit vier Oscars prämierten und sehr erfolgreichen Film *Spartacus* Regie, merkte allerdings schnell, dass er durch die Vorstellungen des Produzenten Kirk Douglas und die fehlenden Rechte über das Drehbuch, zu wenig eigene Kontrolle und Entscheidungsfähigkeit über den Film hatte und beschloss von nun an nur noch eigenständige Filme zu drehen, bei denen er keinen gestalterischen Eingrenzungen mehr ausgeliefert war.

Der erste Film, der 1962 unter diesem Beschluss entstand, war *Lolita,* die Verfilmung des gleichnamigen Romans von Vladimir Nabokov, welcher durch seinen Inhalt, aber auch durch avantgardistische Bildinterpretation und Kameraführung zu einem Skandal wurde. Der Film kann als erster typischer Kubrick-Film gesehen werden und war trotz Zensurschwierigkeiten recht erfolgreich.

1964 entstand der noch umstrittenere Film *Dr. Strangelove or: How I Learned to Stop Worrying and Love the Bomb*, eine Satire auf den Kalten Krieg und dessen Akteure, welcher vor allem das jüngere Publikum ansprach.

Durch seinen Erfolg konnte Kubrick die Thematik seines nächsten Filmes frei wählen. Diese kreative Freiheit veranlasste, dass Kubrick mit *2001: A Space Odyssey* die Filmgeschichte revolutionierte.

In Zusammenarbeit mit dem Sciene-Fiction Autor Arthur C. Clarke entstand ein Film, der in seinem Aufbau und den verwendeten Spezialeffekten vollkommen innovativ erschien. Für die visuellen Effekte erhielt Stanley Kubrick seinen ersten und letzten Oscar.

Nach dem Film verlief Kubricks Leben zunächst relativ ruhig in der Idylle Englands, wo die Familie mittlerweile nahe zum Filmstudio lebte.

Doch diese Ruhe sollte durch sein nächstes verwirklichtes Projekt, einer Adaption des umstrittenen Athony-Burgess-Romans *A Clockwork Organe,* bedroht werden. Der Film fand vor allem bei jungen Menschen guten Anklang. Allerdings löste er bald eine Welle jugendlicher Gewalttaten aus, sodass man in England Stanley Kubrick unheimlich stark attackierte. Man machte ihn für Mord und Totschlag verantwortlich und sah ihn als Anstifter zur Gewalt. Dies übte einen ungeheuren Druck auf die gesamte Familie aus, dem sich Stanley nur durch eine Absetzung des Filmes in England glaubte entziehen zu können.

Als nächster Film entstand in Zusammenarbeit mit *Warner Brothers Barry Lyndon*, der trotz seiner grandiosen Filmkunst und dem faszinierenden Einsatz von Licht in den USA und in England wegen seiner Länge von fast drei Stunden von vielen Kritikern als langweilig abgetan wurde. In Europa erkannte man die unfassbare Schönheit des Filmes und trotz der teilweise schlechten Kritiken gewann der Film für Kamera, Szenenbild, Kostüm und Musik insgesamt vier Oscars. Durch die schlechten Kritiken entmutigt, wählte Kubrick für seinen nächsten Film einen kommerzielleren Stoff, die Verfilmung des Bestsellers *Shining* von Stephen King.

Nach Abschluss der Dreharbeiten zu *Shining* zog Kubrick mit seiner Familie auf das Anwesen *Childwickbury Manor* im District *St. Albans.*

1980 begann er mit den Dreharbeiten zu *Full Metal Jacket*, welche 7 Jahre andauerten. Daraufhin ging Kubrick in die Planung des Riesenprojektes *A.I. - Artificial Intelligence,* bei welchem er selbst jedoch nur als Produzent agieren wollte. Als Regisseur holte er sich Steven Spielberg ins Team. Bald wurde jedoch klar, dass es sich hier um einen Film handelte, der unzähliger Spezialeffekte bedurfte, um ihn so umsetzen zu können, wie Kubrick ihn sich vorstellte. So beschloss man das Projekt um einige Jahre zu verschieben, um die Computerentwicklungen abzuwarten.

Deshalb drehte Kubrick als seinen letzten Film *Eyes Wide Shut*, der an die *Traumnovelle* von Arthur Schnitzler angelehnt ist.

Eine Woche nach der Premiere des Filmes, starb Stanley Kubrick, einer der größten Regisseure der Filmgeschichte, im Alter von 70 Jahren, am 07. März 1999 zu Hause an einem Herzinfarkt. An der Verfilmung von *A.I.* konnte er nicht mehr teilhaben.

Alle Menschen mit denen er zusammengearbeitet hat, liebten seine Art und seine geniehafte Intelligenz, obwohl er sein soziales Umfeld teilweise sogar brutal behandelte. Er war bekannt als ein ungeheurer Perfektionist, der die Laster der Menschheit erkannte und es verstand, diese ohne Anklage, künstlerisch umzusetzen.

2.2.2 Entstehung und Hintergrund

Die Idee, die *Traumnovelle* zu verfilmen, hatte Stanley Kubrick bereits 1968 nach *2001: A Space Odyssey.* Zur wirklichen Arbeit an diesem Projekt kam es allerdings erst etwa 1994. Kubrick änderte immer wieder das Konzept, das er hier verfolgen wollte. In den 1970-er Jahren hatte er eine ernsthafte Inszenierung im Sinn, in den 1980-er Jahren eine gänzlich gegensätzliche komödienhafte Gestaltung mit Schauspielern wie Steve Martin oder Robin Williams.[23]

Im November 1994 begann man schließlich mit den Arbeiten am Drehbuch für *Eyes Wide Shut*. Kubrick hatte sich mittlerweile dazu entschieden, den Film ohne komödiantische Elemente im New York der Gegenwart spielen zu lassen.

Für die Hauptrollen wollte er ein reales Ehepaar einsetzen, um für einige Szenen die Hemmschwelle herabzusetzen.

Neben den letztendlichen Schauspielern Tom Cruise und Nicole Kidman, die damals noch verheiratet waren, kamen auch Kim Basinger und Alec Baldwin kurzzeitig in Betracht.

Dass Kidman und Cruise tatsächlich verheiratet waren, erleichterte und erschwerte ihnen das Schauspiel zugleich. So verschwammen, laut Nicole Kidman, oft Fiktion und Realität für sie und sie konnte sich teilweise nur noch schwer von ihrer Rolle als „Alice" trennen[24].

Tom Cruise fiel es nach eigenen Angaben schwer, seiner Frau gegenüber eine seiner Person völlig gegensätzliche Rolle zu spielen[25], die introvertiert die Machenschaften der eigenen Ehefrau beobachtet.

Kubrick wechselte wie es auch schon seine Art bei anderen Filmen gewesen ist, zwischen völliger Kontrolle und Freiheit bezüglich des Schauspiels ab. In beiden Fällen jedoch wurden die Szenen extrem häufig gedreht, um sicher zu gehen, dass alles perfekt war und um möglichst viele verschiedene schauspielerische Varianten zur Auswahl zu haben. Dies war ihm möglich, da er keinen Zeitdruck von Seiten des Studios hatte, was für Regisseure eine luxuriöse Tatsache ist.

Durch die Länge und Intensität der Dreharbeiten entstand zwischen den Hauptdarstellern und Kubrick ein sehr enges und intimes Verhältnis, was sich auch im Vorspann des Filmes zeigt, in welchem lediglich die Namen *Kidman, Cruise* und *Kubrick* sowie der Titel des Filmes erwähnt werden.

Eyes Wide Shut wurde in England gedreht, sodass teilweise Londoner Straßen so umgewandelt werden mussten, dass sie wie New Yorker Straßen wirkten. Ansonsten wurde viel in Studios gedreht.

---

23 vgl. Andreas Jacke, Stanley Kubrick: Eine Deutung der Konzepte seiner Filme, Gießen (2009), S. 309-313

24 vgl. Stanley Kubrick, Eyes Wide Shut DVD, Specials, Original Interview mit Nicole Kidman

25 vgl. Stanley Kubrick, Eyes Wide Shut DVD, Specials, Original Interview mit Tom Cruise

Insgesamt dauerten die Dreharbeiten bis April 1998, die Postproduktion dann ein weiteres Jahr. Am 01. März 1999 fand eine Vorpremiere des Filmes für das Team in New York statt. Allerdings war hier die Arbeit an der Tonspur noch nicht fertiggestellt, welche Kubrick, der eine Woche nach dieser Premiere verstarb, nicht mehr überwachen konnte. Am 13. Juli 1999 wurde *Eyes Wide Shut* in den USA veröffentlicht.

Der Film wurde nach vielen Gerüchten, die sich vor der Veröffentlichung über den Film verbreitet hatten, zwar insgesamt positiv aufgenommen, stellt aber dennoch Kubricks umstrittensten Film dar. Häufig kritisiert wurde die Ansiedlung der Handlung im heutigen New York. Der Film wurde und wird von vielen Seiten nicht mit der positiven Selbstverständlichkeit, die gegenüber anderen Filmen von Kubrick herrschte, aufgenommen.

Zumindest finanziell stellte der Film jedoch mit Gesamteinnahmen von über 160 Millionen Dollar einen vollen Erfolg dar.

2.2.3 Analyse und Interpretation

2.2.3.1 Zentrale Aspekte
Eyes Wide Shut befasst sich auf skandalös offene, unverblümte und schamlose Weise mit den moralisch schändlichsten Seiten von Mann und Frau, mit der Psychoerotik, wandelnd zwischen Traum und Wirklichkeit[26].

Oft stellt sich dem Zuschauer die Frage, ob das, was den Protagonisten widerfährt, real sein kann, oder ob es sich hier um fieberhafte Sehnsuchtsträume handelt.

Alice Harford scheint immer den besseren Überblick zu haben. Sie scheint leicht erhaben über ihren Ehemann Bill Harford, der nur aus einem Protest heraus und durch eher zufällige Ereignisse die erotischen Abenteuer dieser einen Nacht erlebt.

2.2.3.2 Bildgestaltung
Wie in allen seinen Filmen legte Stanley Kubrick auch in *Eyes Wide Shut* großen Wert auf Bildkomposition, Farbgebung, Beleuchtung und Kameraführung. Diese Komponenten stehen stets in engem, oftmals symbolischem Zusammenhang mit der Handlung und der tieferliegenden Interpretationsebene.

Sehr auffällig sind die Farben Rot und Blau, die das Bild die meiste Zeit dominieren.

---

26 vgl. http://www.moviemaze.de/filme/13/eyes-wide-shut.html

Rot lässt im Film oft die Assoziation zu Weiblichkeit und Erotik aufkommen, während Blau häufig in Zusammenhang mit Männlichkeit, Ferne und Alltag gebracht wird.

Die Farben tauchen im Film jedoch so häufig auf, dass sie nicht immer konkret als direktes Symbol gelesen werden können, sondern vielmehr als umfassende Metapher über der gesamten Handlung und den Charakteren schweben.

Auffällig ist jedoch, dass die Farben insgesamt im Laufe des Filmes durch veränderte Beleuchtung von sehr warmen, leichten, milden Tönen – in der Wohnung sowie bei der Weihnachtsparty[27] – zu zunehmend harten, kalten und bedrohlich wirkenden Tönen – vor allem in der Geständnisszene[28] umgekehrt werden. Im Verlauf bis zu dieser Szene treten die Farbverhältnisse immer wieder entweder ausdrucksvoll einzeln auf, oder vermischen sich in grotesk wirkenden Kontrasten.

2.2.3.2 Symbolik

Neben den symbolhaft wirkenden Bildkompositionen finden sich jedoch auch direkt sicht- und deutbare Symbole.

Hervorstechend ist hier vor allem die Maske, die Verkleidung, die immer wieder auftaucht. Schon der Anfang des Filmes zeigt, wie sich das Ehepaar für die Weihnachtsparty anzieht – also sozusagen verkleidet.

Später auf dem geheimen Maskenball in der Villa sind alle Gäste maskiert und verkleidet, was im direkten Zusammenhang der Anonymität und der Erotik dient. Symbolhaft universeller gesehen, kann man die Maske jedoch auch auf die Anonymität in der Ehe von Bill und Alice beziehen und noch weitergegriffen auf die Rolle, die jeder Mensch in der Gesellschaft spielt[29]. Und genau diese gesellschaftlichen Rollen, diese Masken lassen Bill und Alice durch ihre Geständnisse und Erlebnisse fallen. Bill, der verantwortungsvolle, angesehene Arzt, begibt sich durch die geheime Party auf zwiespältiges Terrain, welches nicht in sein Rollenbild hineinzupassen scheint. Alice berichtet von ihrem Traum und verliert so ihre Rolle der treuen Ehefrau. Des Weiteren wirkt Bills Gesicht ab dem Zeitpunkt von Alice Bericht über ihren Traum, zunehmend maskenhaft und auch seine gesellschaftliche Rolle als Arzt ist nur noch Trug, da er

27 Stanley Kubrick, Eyes Wide Shut DVD, Hauptfilm, 00:00:32 – ca. 00:12:28, siehe Abb.1 im Anhang
28 Stanley Kubrick, Eyes Wide Shut DVD, Hauptfilm, um 02:20:10, siehe Abb.2 im Anhang
29 vgl. Wikipedia, Eyes Wide Shut, Symbol der Maske (aufgerufen am 14.12.2010)

dieser Pflicht nur noch halbherzig nachgeht[30]. Erst als er zum Ende hin weinend vor Alice zusammenbricht, sind in seinem Gesicht wieder Emotionen sichtbar.

2.2.3.3 Musik

Viele von Stanley Kubricks Filmen sind bekannt für ihren außerordentlichen Einsatz von Musik. Die Musik dient bei Kubrick nicht mehr nur der Untermalung von Bild und Handlung, sondern scheint beinahe zum Protagonisten zu werden. Wie in *A Clockwork Orange* oder *2001: A Space Odyssey,* setzt Kubrick auch in *Eyes Wide Shut* die Musik als besonders ausdrucksstarkes und sehr wohl bedachtes Element ein. Sie wird zum wiederkehrenden, symbolhaften Motiv.

Titelmusik des Filmes ist Dmitri Schostakowitschs bekannter *Walzer No. 2,* welcher im Vor- und Abspann, sowie in der ersten Szene und auf der Weihnachtsparty gespielt wird.

In seiner harmonischen Melodie und Rhythmik spiegelt der Walzer das zunächst gelungen wirkende Leben und den Rhythmus des Alltages wieder. Dass er in Vor- und Abspann eingesetzt wird, dient der Betonung der Kreisbewegung, die das Paar im Laufe der Handlung vollbracht zu haben scheint.

Das auffallendste Stück der Filmmusik ist jedoch die sehr minimalistische Klavierkomposition *Musica Ricercata II: Mesto, Rigido e Cerimonale* von György Ligeti, welche am häufigsten und immer in Zusammenhang mit der drohenden Gefahr durch die geheime Gesellschaft, die hinter dem Orgienball steckt, auftaucht. Dieses Stück spiegelt die bedrohliche und beklemmende Situation, in welcher sich Bill befindet, wieder.

Außerdem bemerkenswert sind die während der Zeremonie zu vernehmenden rückwärts abgespielten lateinischen Mönchschöre und die während der Kamerafahrt durch das orgienhafte Treiben eingesetzten Hindugesänge, welche die religiös und rituell, teilweise sogar okkult anmutenden Elemente der Szene hervorheben.

2.3 Vergleich der „Traumnovelle" mit „Eyes Wide Shut"

2.3.1 Grenzen und Möglichkeiten der Literaturverfilmung

Bei Kubricks *Eyes Wide Shut* handelt es sich nur um eine Anlehnung an die literarische Vorlage der *Traumnovelle*, wodurch der Regisseur sich neue gestalterische Möglichkeiten in Deu-

---

30 vgl. Wikipedia, Eyes Wide Shut, Symbol der Maske (aufgerufen am 14.12.2010)

tung, Motivik und Darstellung eröffnet. Eine Grenze der filmischen Umsetzung besteht darin, dass auch zur Vermittlung innerer Handlungsabläufe lediglich Dialoge anwendbar sind, während in der Literatur, wie in diesem Beispiel, ein personaler Erzähler eingesetzt werden kann, der über die Gefühle und Gedanken der Protagonisten aufklärt. Auf der anderen Seite bietet der Film viele neue Möglichkeiten durch direkte visuelle und akustische Darstellung von Sachverhalten, die in der Literatur erst beschrieben werden müssten.

Im Folgenden soll nun unter diesem Aspekt ein Vergleich zwischen Stanley Kubricks *Eyes Wide Shut* und Arthur Schnitzlers *Traumnovelle* angestellt werden.

2.3.2 Vergleich des Handlungsverlaufes

Der wohl augenscheinlichste Unterschied zwischen der *Traumnovelle* und *Eyes Wide Shut* ist mit Sicherheit die unterschiedliche zeitliche und lokale Ansiedelung der Handlung. So spielt *Eyes Wide Shut,* nicht wie die *Traumnovelle* im Wien der Jahrhundertwende (19./20.Jhd.), sondern im modernen New York zur Jahrtausendwende. Diese Verschiebung ist von Kubrick vor allem gewählt, um die Zeitlosigkeit der Thematik aufzuzeigen. In Zusammenhang damit wurden auch die Hauptcharaktere Fridolin und Albertine in Bill und Alice Harford, sowie die meisten anderen auftretenden Figuren, umbenannt. Außerdem ist Kubricks Handlung um die Weihnachtsfeiertage angelegt, während Schnitzler die Geschichte zur Faschingszeit spielen lässt. Durch diese Veränderung wird allerdings in jenem Punkt das Motiv der Maskierung und Verkleidung aufgehoben, das durch Schnitzlers Wahl der Jahreszeit gegeben war.

Die *Traumnovelle* beginnt mit dem Gespräch über den vorabendlichen Maskenball, zu welchem das Paar geladen war. Stanley Kubricks Film setzt einen Abend zuvor ein, als sich Bill und Alice auf dieses Fest, hier nun passend zur abgeänderten Jahreszeit eine Weihnachtsparty, vorbereiten.

Bereits auf dieser Party trifft Bill Nick Nightingale, das filmische Pendant zu Nachtigall, welcher dort als Pianist agiert und Bill vom Sonata Café erzählt, in welchem er momentan auftrete.

Zwar wurden durch die Beschränkung auf Bild und Dialog in der Filmadaption zum besseren Verständnis einige Szenen hinzugefügt, die in der Traumnovelle nicht auftauchen, jedoch sind diese meist nicht von großer Bedeutung für den Vergleich zwischen Film und Buch. Auf der Weihnachtsparty allerdings wurde eine gänzlich neue Szene eingefügt, die nicht ausschließ-

- 25 -

lich dem Verständnis der Handlung aus der Novelle dient, sondern auf eine spätere Szene ab-
zielt, die der Erklärung der weiteren Erlebnisse Bills dient.

Während eines Gespräches mit zwei stark kokettierenden Models – im Buch handelt es sich
um *„zwei rote Dominos"*[31] – wird Bill zum Gastgeber Victor Ziegler gerufen. Dieser befindet
sich mit bloßem Oberkörper mit einer jungen Frau, welche nackt und bewusstlos in einem
Sessel liegt, im Badezimmer und hatte offensichtlich sexuellen Kontakt mit ihr oder diesen
zumindest beabsichtigt, und bittet nun um die medizinische Versorgung der stark unter Drogen stehenden Frau namens Mandy.

Bill versorgt die Frau und wird von Ziegler angehalten, Stillschweigen über diesen Vorfall zu
bewahren.

Diese Szene ist in eine Parallelmontage[32] eingebaut, welche zwischendurch Alices Flirt mit
dem Ungarn Sandor Szavost zeigt, welcher auch in der Novelle – hier allerdings namenlos,
als ein Unbekannter von *„melancholisch-blasierte(m) Wesen"*[33] mit *„fremdländische(m), anscheinend polnische(m) Akzent"*[34] beschrieben – auftaucht.

Die Unterhaltung über jenes Fest findet im Film dann nicht erst am nächsten Abend, sondern
noch in der gleichen Nacht statt. Ein weiterer Unterschied besteht darin, dass das Ehepaar zu
Hause angekommen Marihuana konsumiert, was Alice in eine gereizte, hysterische und
schnell hin und her wechselnde Stimmung versetzt, welche die im Gespräch folgenden Offen-
barungen in diesem Ausmaß erst zulässt. Dieser eigentlich nicht in das Bild passende und sehr
unerwartete Marihuanakonsum, zeigt, dass Alice im Gegensatz zu Albertine, erst unter diesen
Umständen zu ihrem Geständnis kommen kann.

Das Gespräch selbst tritt im Film gekürzt auf. Nachdem sich das Paar über die Bekanntschaften auf der Party in eher belustigter Weise ausgetauscht hat, beginnt die Unterhaltung plötzlich durch Alices Streitsucht zu eskalieren. Immer wieder dreht sie Bill die Worte im Mund
um, lacht ihn aus und versucht ihn eifersüchtig zu machen.

Das Geständnis an sich entspricht im Großen und Ganzen dem aus der *Traumnovelle*. Unterschied ist allerdings, dass Bill an dieser Stelle selbst von keinem Erlebnis, wie Fridolin es in

---

31 Arthur Schnitzler, Traumnovelle, Hrsg. Michael Scheffel, Stuttgart (2006), S. 6, Z. 1
32 Technik der Filmmontage, bei welcher die aufeinanderfolgenden Einstellungen zwischen zwei oder mehreren
   Handlungssträngen hin und her springen
33 Arthur Schnitzler, Traumnovelle, Hrsg. Michael Scheffel, Stuttgart (2006), S. 6, Z. 14-16
34 ebd.

Dänemark hatte, berichtet.

Im weiteren Verlauf ist *Eyes Wide Shut* wieder stärker an der Literaturvorlage orientiert. Auch Bill wird zu einem Patienten gerufen, der bereits verstorben ist und dessen Tochter einen ähnlichen Namen wie Marianne, nämlich Marion, trägt. Auch diese gesteht ihm ihre Liebe.

Der Besuch bei der Prostituierten gestaltet sich im Film etwas anders als in der *Traumnovelle*. Anders als Fridolin zeigt sich Bill durchaus beeindruckt von der – im Film Domino genannten – Prostituierten. Die beiden küssen sich sogar und Bill schreckt nicht vor engerem sexuellen Kontakt zurück, zu welchem es durch einen Anruf von Alice jedoch nicht kommt. In der Novelle kommt der Rückzug von Fridolin selbst.

Das Treffen mit Nachtigall/Nightingale erfolgt in Film und Buch ähnlich, wobei es in der *Traumnovelle* dem reinen Zufall zuzuschreiben ist, während Bill in *Eyes Wide Shut* bereits auf der Weihnachtsparty dem früheren Studienkollegen begegnet ist und somit wusste, wo man ihn antreffen kann.

Auch das Leihen des Kostüms[35] bringt keine unbedingt erwähnenswerten Veränderungen – außer der Umbenennung Gibisers in Milich, einen halbseidenen, mit Akzent sprechenden Mann; genauso wenig die Fahrt zur Villa, welche in *Eyes Wide Shut* (zeitgemäß) mit einem Taxi vollbracht wird. Dies scheint zunächst nicht wichtig zu sein, offenbart sich jedoch später durch Victor Ziegler als ein entlarvendes Kriterium für Bills Außenseitertum, da die anderen Gäste wohl mit Limousinen vorgefahren sind.

Die orgiastische Party, auf dem im Drehbuch „*Somerton*"[36] genannten Anwesen allerdings unterscheidet sich vom in der *Traumnovelle* beschriebenen Maskenball in einigen wichtigen Kriterien. Zunächst lautet das Passwort nicht „*Dänemark*", sondern „*Fidelio*". Eine sexuelle Orgie im eigentlichen Sinne findet in der *Traumnovelle* nicht statt, beziehungsweise wird sie nicht beschrieben. Schnitzler beschreibt lediglich, dass nackte, maskierte Frauen mit den kostümierten Männern tanzen.

In *Eyes Wide Shut* geht Stanley Kubrick viel weiter. Seine Interpretation geht hier über eine bloße Anpassung an die Moderne hinaus.

Der Film setzt das angedeutet Rituelle, Religiöse des Balles noch konsequenter um. So lässt

---

35 Stanley Kubrick, Eyes Wide Shut DVD, Hauptfilm, ab ca. 01:33:00, siehe Abb.3 im Anhang
36 Stanley Kubrick & Frederic Raphael, Eyes Wide Shut A Screenplay By Stanley Kubrick And Frederic Raphael And Its Inspiration Dream Story By Arthur Schnitzler, Hrsg. Penguin Books, Harmondsworth, Middlesex (1999), S. 57

in der Traumnovelle lediglich die Tatsache, dass die Frauen zunächst als Nonnen, die Männer als Mönche verkleidet sind sowie die erklingende „altitalienische geistliche Arie"[37] in Fridolin die Frage aufkommen, ob er „in die Versammlung irgendeiner religiösen Sekte geraten"[38] sei.

Eyes Wide Shut zeigt eine längere Einleitungssequenz dieser Szene, welche ein allen beteiligten anscheinend wohl bekanntes Ritual beschreibt.[39]

Fridolin stellt sich nur vor, dass es womöglich „verschwiegene Gemächer gebe(...), in die Paare sich zurückziehen, die sich gefunden haben"[40], was jedoch von seiner „Warnerin"[41] negiert wird.

Im Film ist eine Kamerafahrt aus Bills Sicht durch die Räumlichkeiten des Anwesens vorhanden, in welcher Kubrick eine breite Palette orgiastischer Enthemmungen zeigt.[42]

Dass Bill, nach seiner Entdeckung, im Gegensatz zu Fridolin seine Maske tatsächlich abnimmt, bildet einen weiteren Unterschied zwischen Buch und Film.

Fridolin wehrt sich stark dagegen, diesem Befehl nachzukommen, denn „Tausendmal schlimmer wäre es ihm erschienen, der einzige mit unverlarvtem Gesicht unter lauter Masken dazustehen, als plötzlich unter Angekleideten nackt."[43]

Bill kommt dieser Aufforderung nach, weigert sich jedoch, auch noch seine Kleider abzulegen. Damit wird die im Buch als weniger schlimm angesehene Nacktheit, die Schutzlosigkeit und Erniedrigung bedeutet, im Film in ihrer Schwere der Bedeutung über das Ablegen der Maske, welches Peinlichkeit und Rufschädigung durch den Verlust der Anonymität beinhaltet, gestellt.

Die im Buch beschriebene wilde Rückfahrt in die Stadt, bei welcher Fridolin einem Gefühlschaos ausgesetzt ist, wird in Kubricks Film gänzlich ausgelassen.

Albertines Traum erstreckt sich in der Traumnovelle über mehrere Seiten. Im Film wurde er nicht in seiner starken Detailtreue wiedergegeben. Im Übrigen hat man auf eine bildliche Darstellung verzichtet, um dieser Szene nicht die wichtige Perspektive eines Zuhörers durch Fri-

---

37 Arthur Schnitzler, Traumnovelle, Hrsg. Michael Scheffel, Stuttgart (2006), S. 44, Z. 9
38 Arthur Schnitzler, Traumnovelle, Hrsg. Michael Scheffel, Stuttgart (2006), S. 44, Z. 3-4
39 Stanley Kubrick, Eyes Wide Shut DVD, Hauptfilm, ab 01:09:50, siehe Abb. 4 im Anhang
40 Arthur Schnitzler, Traumnovelle, Hrsg. Michael Scheffel, Stuttgart (2006), S. 47, Z. 14-16
41 Arthur Schnitzler, Traumnovelle, Hrsg. Michael Scheffel, Stuttgart (2006), S. 46, Z. 14
42 Stanley Kubrick, Eyes Wide Shut DVD, Hauptfilm, ab 01:16:20, siehe Abb.5 im Anhang
43 Arthur Schnitzler, Traumnovelle, Hrsg. Michael Scheffel, Stuttgart (2006), S. 50, Z. 22-25

dolin/Bill zu nehmen.

Am nächsten Morgen sucht Bill, wie auch Fridolin, das Hotel, in welchem Nick Nightingale/Nachtigall gewohnt hatte, auf, wobei das Hotel sowie der Portier im Film keineswegs wie ein *„elender Gasthof"*[44] beziehungsweise ein *„übelaussehender Portier"*[45] dargestellt sind.

Bei der Rückgabe des Kostüms wird in *Eyes Wide Shut* durch Milich darauf hingewiesen, dass die Maske fehlt, was in der *Traumnovelle* offen gelassen wird. So erklärt sich dem Zuschauer des Filmes, weshalb die Maske später zu Hause neben Alice auf dem Kopfkissen liegen kann.

Der Besuch bei Domino, der Prostituierten, verläuft ebenfalls etwas anders, als der Besuch bei Mizzi. Zwar ist auch Domino ins Krankenhaus gekommen, jedoch handelt es sich bei ihrer Mitbewohnerin Sally im Gegensatz zu der in der *Traumnovelle* als *„übelaussehende Frauenperson"* beschriebenen Nachbarin, um eine für Bill attraktive, junge Frau, mit welcher er auch engen körperlichen Kontakt hat. Des Weiteren ergänzt der Film, dass bei Domino ein Bluttest gemacht wurde, welcher positiv in Bezug auf HIV ausgefallen sei, weswegen die junge Frau auch nicht zu Hause sei. In der Traumnovelle wird die Erkrankung von Mizzi offen gelassen.

Zurück auf der Straße wird Bill von einem Mann verfolgt, welcher höchstwahrscheinlich der geheimen Gesellschaft angehört. Diese Szene kommt in der *Traumnovelle* nicht vor.

Wie im Buch liest Bill auch im Film in einem Café über den vermutlichen Tod seiner Retterin. Es handelt sich bei dieser allerdings nicht um eine Baronin, sondern um eine ehemalige Schönheitskönigin, welche wohl wegen einer Überdosis an Drogen ins Krankenhaus eingeliefert worden ist.

Auch Bill sucht diese Frau in der Leichenschauhalle auf, kann sie jedoch nicht wirklich identifizieren.

Die folgende Szene, in welcher Bill zu Victor Ziegler gerufen wird, ist von Kubrick neu hinzugefügt worden. Während in der *Traumnovelle* Fridolin für eine Erklärung der Geschehnisse der letzten Nacht auf sich selbst gestellt ist, dient Victor Ziegler in *Eyes Wide Shut* mit einer recht plausiblen Erklärung.

So habe Ziegler selbst der geheimen Gesellschaft im *Somerton*-Anwesen beigewohnt und

---

44 Arthur Schnitzler, Traumnovelle, Hrsg. Michael Scheffel, Stuttgart (2006), S. 68, Z. 21
45 Arthur Schnitzler, Traumnovelle, Hrsg. Michael Scheffel, Stuttgart (2006), S. 68, Z. 22-23

habe am nächsten Tag Bill beschatten lassen. Er versichert außerdem, dass Nick Nightingale nichts - wie befürchtet - zugestoßen sei. Ein Passwort für das Innenhaus habe es nicht gegeben, was Bill gleichermaßen verraten hätte, wie die Tatsachen, dass er mit einem Taxi vorgefahren sei und dass sein Kostüm offensichtlich geliehen sei – man hatte die Quittung des Kostümverleihs in Bills Manteltasche gefunden.

Ziegler bestätigt Bill, dass es sich bei der Toten um dieselbe Frau, die sich für ihn geopfert hat, handelt, bestreitet allerdings, dass ihr Tod irgendetwas mit dieser Opferung zu tun gehabt habe. Er erklärt Bill, dass die tote Schönheitskönigin Amanda Currant, die Frau sei, um welche dieser sich auf der Weihnachtsparty gekümmert habe.

Im Anschluss unterbreitet er Bill, die Möglichkeit, dass „ *die Drohungen, die Warnungen der Frau, ihr dramatisches Eingreifen, (...), inszeniert war(en)*"[46]. Das alles wäre ein „*Schwindel*"[47] gewesen, um Bill so zu erschrecken, dass er Stillschweigen über das, was er gesehen hatte, bewahre.

Das Entdecken der Maske auf dem Kopfkissen neben Alice[48] verläuft wie in der *Traumnovelle* auch.

Stanley Kubrick erweitert jedoch auch am Ende um eine Szene, in welcher das Ehepaar angespannt Weihnachtseinkäufe mit der Tochter Helena erledigt.

Hier setzt sich die Aussprache der Nacht fort. Man überlegt, wie es mit der Ehe weitergehen soll, wobei Schnitzlers Formulierungen fast gänzlich beibehalten werden. Jedoch fügt Alice hinzu, dass es eine Sache gebe, die sie jetzt dringend machen müssten, nämlich „*ficken*"[49]. Dies ist das letzte Wort des Filmes und bildet eine Umdeutung, da Alice als einziges Therapeutikum für die Beziehung die Erfüllung der Triebwünsche sieht, während Albertine die Zeit als Heilmittel zu sehen scheint.

2.3.4 Vergleich zwischen den Protagonisten

Durch die schon genannte Einschränkung einer filmischen Umsetzung in Bezug auf die Dar-

---

46 Stanley Kubrick & Frederic Raphael, Eyes Wide Shut A Screenplay By Stanley Kubrick And Frederic Raphael And Its Inspiration Dream Story By Arthur Schnitzler, Hrsg. Penguin Books, Harmondsworth, Middlesex (1999), S. 92
47 ebd.
48 Stanley Kubrick, Eyes Wide Shut DVD, Hauptfilm, ab ca.02:20:09, siehe Abb.6 im Anhang
49 Stanley Kubrick & Frederic Raphael, Eyes Wide Shut A Screenplay By Stanley Kubrick And Frederic Raphael And Its Inspiration Dream Story By Arthur Schnitzler, Hrsg. Penguin Books, Harmondsworth, Middlesex (1999), S. 98

stellung innerer Handlungsvorgänge, ergeben sich zwischen den Protagonisten der *Traumnovelle* und denen aus *Eyes Wide Shut* einige Unterschiede.

Die Novelle beschreibt stets sehr eindringlich Fridolins Gefühle durch eine personale Erzählperspektive. Diese Möglichkeit hätte der Film nur durch sogenannte „Voice Overs"[50], welche jedoch auch nicht der Detailtreue der Beschreibungen aus der *Traumnovelle* hätten gerecht werden können.

Durch diese Einschränkung erhält der Zuschauer einen sehr viel weniger intensiven Einblick in die Gefühlswelten von Bill, wodurch dieser meist als eher unnahbar erscheint. Lediglich die eingefügten Sequenzen, in welchen Bill sich vorstellt wie Alice mit dem Marineoffizier schläft, gewähren kurzzeitig Aufschluss über dessen Gedanken und Gefühle. Ansonsten wird dem Zuschauer einige Aufmerksamkeit zum Deuten der äußeren Indizien, wie beispielsweise dem Minenspiel von Tom Cruise, abverlangt.

Im Gegensatz zu Bill und auch zu Albertine, kann Alice in der Verfilmung mehr von ihrem Charakter und ihrem Seelenleben preisgeben.

Zwar hat sie in etwa dieselben Szenen wie Albertine, jedoch kommen ihr im Vergleich zu Bill mehr monologische Sequenzen zu, was wiederum im Vergleich zur *Traumnovelle* einen Unterscheid darstellt, da hier Fridolin den größeren Teil der inneren Handlung darstellt. Bei den angesprochenen Szenen handelt es sich einerseits um die Streitszene nach der Weihnachtsparty und um die Szene, in welcher Alice ihren Traum darlegt. Monologe in solchem Maße kommen Bill im Film nie zu.

Ebenso erweitert der Tanz mit Sandor Szavost, sowie ihr Anruf an Bill, während dessen Aufenthalt bei Domino durch welchen sie ein Fremdgehen verhindert, ihre Position zu einer stärkeren Rolle als die der Albertine in der *Traumnovelle*.

3. Abschließende Worte

Literaturverfilmungen laufen immer Gefahr auf einer reinen Vergleichsebene zur Vorlage betrachtet zu werden. Auch bei *Eyes Wide Shut* ließen sich die meisten Zuschauer zu einer solchen Betrachtungsweise verleiten, was zu vielen Fehlinterpretationen und schlechten Kritiken führte, da die Erwartungshaltung sich oft auf eine „eins zu eins"- Übertragung begrenzte.

---

50 Filmische Bezeichnung für den Kommentar einer Figur, die nicht „in der Szene" sondern sozusagen „über der Szene" spricht; oftmals zur Wiedergabe von Erinnerungen oder Gedanken dieser Figur

Jedoch sollte man sowohl Kubricks Film als auch Schnitzlers Novelle als eigenständige wert-volle Kunstwerke ansehen und sie nur in gewissen Gesichtspunkten vergleichen, um zu einer zusätzlichen Bereicherung an Deutungsmöglichkeiten zu gelangen.

Eyes Wide Shut einzeln betrachtet, bietet so viele neue Interpretationsebenen der Thematik, dass es wichtig ist von diesem Film keine vorlagengetreue Synchronisation zu erwarten.

So wurden in den vorangegangenen Überlegungen die Werke zunächst einzeln betrachtet, um anschließend mit dem Hintergrundwissen über Inhalte, Intentionen und Interpretationen einen Vergleich anzustellen, der der künstlerischen Individualität des Buches sowie des Filmes ge-recht wird.

4. Anhang

4.1 Abbildungen

Abb.1: Alice und Bill auf der Weihnachtsparty

Abb.2: Geständnisszene nach der Weihnachtsparty

Abb.3: Die Tochter des Kostümverleihers Milich

Abb.4: Einleitungszeremonie auf der geheimen Party

Abb.5: Orgie auf der geheimen Party

Abb.6: Bill entdeckt die Maske neben Alice liegen

4.2 Literaturverzeichnis

Berkowicz, Alexia/ Martens, Irja, Arthur Schnitzler Traumnovelle vs Stanley Kubrick
Eyes Wide Shut – Ein Vergleich Hausarbeit, Norderstedt, (GRIN Verlag) 2002

Gladiator, Klaus, Interpretationshilfe Deutsch Arthur Schnitzler Traumnovelle, Freising,
(Stark Verlag) 2005

Heinzmann, Bertold, Erläuterungen und Dokumente Arthur Schnitzler Traumnovelle,
Stuttgart, (Reclam Verlag) 2006

Jacke, Andreas, Stanley Kubrick: Eine Deutung der Konzepte seiner Filme, Gießen,
(Psychosozial-Verlag) 2009

Kubrick, Stanley/ Raphael, Frederic, Eyes Wide Shut A Screenplay By Stanley Kubrick
And Frederic Raphael And Its Inspiration Dream Story by Arthur Schnitzler,
Harmondsworth, Middlesex, England, (Peguin Books) 1999

Scheible, Hartmut, Arthur Schnitzler, Reinbek, (Rowohlt) 2003

Schnitzler, Arthur, Briefe 1913 – 1931, Hrsg. Peter Braunwarth, Richard Miklin, Susanne Pertlik, Heinrich Schnitzler, Frankfurt a.M., (S. Fischer) 1984

Schnitzler, Arthur, Traumnovelle, Hrsg. Michael Scheffel, Stuttgart, (Reclam Verlag)
2006

Schnitzler, Arthur, Tagebücher 1903 – 1908, Hrsg. Werner Welzig, Wien, (Verlag der
Österreichischen Akademie der Wissenschaften) 1991

Schnitzler, Arthur, Tagebücher 1913 – 1916, Hrsg. Werner Welzig, (Verlag der Österreichischen Akademie der Wissenschaften) 1983

Schnitzler, Arthur, Tagebücher 1920 – 1922, Hrsg. Werner Welzig, (Verlag der Österreichischen Akademie der Wissenschaften) 1993

Schnitzler, Arthur, Tagebücher 1923 – 1926, Hrsg. Werner Welzig, (Verlag der Österreichischen Akademie der Wissenschaften) 1995

4.3 Webverzeichnis

Arthur Schnitzler, Wikipedia, (o.V.), zuletzt aufgerufen am 17.11.2010,

http://de.wikipedia.org/wiki/Arthur_Schnitzler

Die Geburt der Tragödie aus dem Geiste der Musik, Spiegel Online, (V.: Friedrich Nietzsche), zuletzt aufgerufen am 19.12.2010,

http://gutenberg.spiegel.de/?id=5&xid=1955&kapitel=1

Eyes Wide Shut, Movie Maze, (V.: Tobias Wunsch), zuletzt aufgerufen am 14.12.2010

http://www.moviemaze.de/filme/13/eyes-wide-shut.html

Eyes Wide Shut, Wikipedia, (o.V.), zuletzt aufgerufen am 15.12.2010,

http://de.wikipedia.org/wiki/Eyes_Wide_Shut

Eyes Wide Shut Spiegel und Maske, artechock, (V.: Rüdiger Suchsland), zuletzt aufgerufen am 14.12.2010

http://www.artechock.de/film/text/kritik/e/eywish.htm

Notes on Eyes Wide Shut, a film by Stanley Kubrick, a shot-by-shot commentary

(V.: Jeffrey Scott Bernstein), zuletzt aufgerufen am 15.12.2010,

http://www.jeffreyscottbernstein.com/kubrick/images/Notes_on_EWS.pdf

Sigmund Freud, Wikipedia, (o.V.), zuletzt aufgerufen am 15.12.2010

http://de.wikipedia.org/wiki/Sigmund_Freud

Stanley Kubrick, Wikipedia, (o.V.), zuletzt aufgerufen am 01.12.2010,

http://de.wikipedia.org/wiki/Stanley_Kubrick

Traumnovelle, Wikipedia, (o.V.), zuletzt aufgerufen am 15.12.2010,

http://de.wikipedia.org/wiki/Traumnovelle

Vom Innen und Außen der Blicke – Aus Arthur Schnitzlers Traumnovelle wird Stanley
Kubricks Eyes Wide Shut, (V.: Christian Ruschel), zuletzt aufgerufen am 17.12.2010,

*http://deposit.d-nb.de/cgi-bin/dokserv?idn=967093678&dok_var=d1&dok_ext=pdf&fi-
lename=967093678.pdf*

- 37 -

4.4 Abbildungsverzeichnis

Abb.1:

http://upload.wikimedia.org/wikipedia/en/3/32/KidmanCruiseEyesWideShut.jpg

Abb.2:

http://images.allmoviephoto.com/1999_Eyes_Wide_Shut/EWS_Nicole_Kidman_023.jpg

Abb.3:

http://www.hotflick.net/flicks/1999_Eyes_Wide_Shut/999EWS_Leelee_Sobieski_003.jpg

Abb.4:

http://www.american-buddha.com/aeyes11d.jpg

Abb.5:

http://cinepinion.bravehost.com/eyeswide1.jpg

Abb.6:

http://osolomama.files.wordpress.com/2008/08/eyes-wide-shut-2-1024.jpg

4.5 Filmverzeichnis

Kubrick, Stanley, Eyes Wide Shut, aus Stanley Kubrick Collection, Hamburg, (Warner
    Home Video Germany by Warner Bros. Entertainmant GmbH) 1999/2001
Harlan, Jan, Stanley Kubrick – A Life In Pictures, aus Stanley Kubrick Collection,
    Hamburg, (Warner Home Video Germany by Warner Bros. Entertainment GmbH)
    2001